Birgitta Petrén och Elisabetta Putini

Varför kallar du mig barbar?!

«L'ERMA» di BRETSCHNEIDER

Översättning
Louise Ercolino

Illustrationer
Lara Artone och Monica Barsotti

Lay-out
«L'ERMA» di BRETSCHNEIDER

ISBN 88-7062-948-1

Printed in September 1996
by GRAFICA 891 s.r.l.
Via Melbourne, 10 – Rome (ITALY)

Innehåll

 6
Martilla och hennes ko

 8
Marbod, vandraren

 10
Martilla möter Marbod

11
Marbod möter Martilla

12
Vardagslivet i Rom

 14
Livet på Fyn

 16
Hus på höjden

18
Hus på längden

 20
Vad vi äter och dricker i Rom

 22
Musslor och mjöd i norr

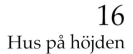 **24**
Togor och höga klackar

26
De byxklädda folken

 28
Hur det är att vara barn i Rom

 30
Hur det är att vara barn i norr

 32
Caesar - en känd romare

 34
Bland jättar och hjältar

  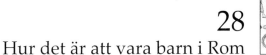

36
Att kriga som en sköldpadda

38
Att slåss som blodtörstiga myggor

41
Romerska skepp

40
Marbods båt

42
Musik och musikinstrument

43
Att spela för gudarna

46
Mars, Minerva och många fler!

44
Oden och Tyr

48
Döden och livet därefter, enligt Martilla

50
Vi ses i Rom!

52
Knep & Knåp

55
Två små europeer

56
Vill du veta en hemlighet?

58
Gör dina egna instrument!

59
Rätt lösning till Marbods och Martillas frågor!

60
Ordlista

Denna bok vill vi tillägna våra egna små europeer,
Johan, Anna och Martina, som snart ska ge sig ut
på egna äventyr i världen.

Martilla och hennes ko

Jag är nio år gammal och jag heter Martilla. Jag har varit ute på resa i flera månader. Hur många? Det vet jag inte, jag har tappat räkningen... Det har gått sju timmar sedan vi vilade sist och jag är jättetrött. Min tunika är smutsig och mina sandaler har gått sönder. Det är kallt också. Nu när vi är långt borta från gränsen och marscherar mot norr sjunker temperaturen mer och mer. Det verkar vara vinter fastän det är vår!

När jag tänker på Rom kan jag känna doften från blommorna och vårt varma och bekväma hus där hemma. Men nu ropar någon på mig. "Martilla! Martilla! Din ko sackar efter, se till att hon sätter fart!"

Rufola är min ko och det är jag som vaktar henne. Under resan måste jag passa henne, driva på henne och mjölka henne varje kväll. Jag måste ta hand om hennes kalv också. Det är mycket jobb! Men det är tack vare Rufola som min husbonde lät mig följa med min familj på resan.

Det är en alldeles särskild resa. En hel här från Rom håller på att förflytta sig norrut. Jag tror det är ett krig på gång... eller något liknande! Vägen som vi har gått har varit jättelång och jättejobbig. Men vem vill missa ett äventyr?

Min pappa är generalens favoritslav och min farbror Elio lagar mat åt honom. Han är en duktig kock och generalen vill inte vara utan hans läckerbitar ens när han skall ut och kriga!

"Martilla! Martilla! Se efter kon!"
Man får ju inte vara ifred en enda minut! Undrar hur många timmar vi har kvar tills vi är framme... Jag har god lust att hoppa upp på Rufola, så hon kan bära mig och värma mig lite!

Marbod, vandraren

Jag heter Marbod och kommer från den norra del av världen som romarna kallar för Scandia. Jag är elva, snart tolv år gammal. Fast jag inte är vuxen än, räknar nog de där romarna mig som en fiende. Bäst att vara försiktig! Jag vet att romarna tar slavar bland oss germaner om de kommer åt.

"Barbarer" kallar de oss! Och då menar de att vi är dumma och okunniga. De vet kanske inte, att ordet barbar betyder "vandrare" eller "främling"! När jag tänker efter lite, så har ju faktiskt romarna vandrat hit och främlingar är de för oss, så då är de väl också barbarer, eller?

Mitt namn - Marbod - är jag mycket stolt över. Min far har gett mig mitt namn för att jag skall bli lika klok och stark som den berömde hövdingen Marbod som levde för mer än hundra år sedan. Han var ledare för ett germanskt folk som heter markomannerna och han lyckades med något, som ingen annan hade klarat innan: han fick flera germanska stammar att sluta sig samman och hjälpas åt - mot romarna!

Marbod samlade den största germanska här som någonsin har funnits. Det sägs att han hade nästan 74.000 soldater! De lockade in romarna i den stora och mörka Teutoburgerskogen. Där överföll de romarna och slog ihjäl mer än tre *legioner*, dvs mer än 15.000 soldater! Man kan fortfarande hitta romerska rustningar därinne, och svärd och sköldar också, om man törs gå dit förstås, för alla spöken som finns där!

Min far är handelsman och han äger faktiskt några romerska vapen. Dem har han köpt eller bytt till sig på vägen hit ner till Colonia. Han hoppas, att han skall bli mycket rik och få bra betalt för sina varor. Jag hjälper honom med att hålla ordning på alla saker och det håller mig sysselsatt hela dagarna. Vi har nämligen med oss en massa varor som vi vet att romarna gärna vill köpa - skinn och hudar som de använder till sina soldaters uniformer, bärnsten som vi har slipat till pärlor och andra smycken, gåsdun till deras kuddar och ljust kvinnohår som de gör peruker av. Det gäller att bevaka allting noga, så att ingen kommer åt att stjäla något från vår vagn.

Här är så mycket folk överallt och det går inte att se på utsidan på folk om de är ärliga eller inte. Där kommer förresten en liten lustig flicka! Hon rider ju på en ko! Ha, är det så de fina romarna tar sig fram!

Martilla möter Marbod

Äntligen har vi slagit läger! Jag tittar mig omkring och får syn på en egendomlig pojke. Det är första gången, som jag ser någon, som ser ut så där... Och vilket konstigt hår han har, det är nästan helt vitt! Ändå är det en pojke, som bara verkar vara lite äldre än jag. Nu kommer han fram till mig och pratar. Jag förstår ingenting!

Jag försöker få honom att förstå och då svarar han mig på latin. Han har ett lustigt uttal och han använder orden fel, men han gör sig förstådd med gester och pekar på floden. Oh ja, äntligen kan vi få något att dricka, både jag och Rufola och hennes kalv!

När vi har släckt törsten, frågar jag pojken hur han har lärt sig mitt språk. Han svarar, att för många år sedan kom det en romersk ledare ända hit. Han krigade och vann och några av hans soldater gifte sig med nordiska flickor. På så sätt blandades både olika folkslag och olika dialekter. Jag tror jag vet, vilken ledare han pratar om. Det måste vara kejsare Marcus Aurelius. Min farfar har berättat lite grand om honom.

Pojken säger att han är elva år, snart tolv. Han heter Marbod! Han har lite underliga saker för sig, men han verkar ändå trevlig. Jag har bestämt, att jag skall bli hans vän för jag känner mig lite ensam. Dessutom är jag nyfiken på hur han hans familj lever. Jag har också många saker att berätta för honom... Hoppas att vi kan förstå varandra!

Marbod möter Martilla

Martilla heter hon, flickan på kon! Martilla. Det finns det ingen hemma som heter. Hon är en skojig liten en - påminner lite om min egen lillasyster Freija - med mycket skratt i ögonen!

Fast jag gillar inte att hon skrattar åt mig när jag har svårt att hitta rätt ord på latin eller när jag bryter. Vet hon inte att det bara betyder att jag talar ett språk mer än vad hon gör?! Nåja, det är nog inte så dumt att vi här uppe också har lärt oss latin, fast det är svårt. Tänk så bra det hade varit om alla olika folkslag hade talat samma språk - då hade vi kanske inte kallat varandra för barbarer... Jag skall minsann visa för jäntungen att vi inte alls är så dumma, vi heller!

Martilla och Marbod vill lära känna varandra bättre och berättar om hur de lever. Sedan utmanar de varandra - den som lyckas lösa de knep och knåp som den andre hittar på blir hövding för en dag. Den som inte lyckas blir däremot kallad barbar... Vill du också hjälpa till? Lös knepen tillsammans med dem, lösningarna hittar du på sidan 59.

Vardagslivet i Rom

Här är jag! Jag är klar. Var skall vi börja? Vill du veta hur vi romare lever? Det är lite svårt att förklara, men jag skall försöka.

Först och främst är det stor skillnad på livet i staden och på landet. Mina kusiner, som är bönder, berättar för mig att det alltid finns mycket att göra på landet, men livet där flyter ändå lugnt och stilla. Då är dagarna i staden så mycket mer spännande! Särskilt i Rom som är huvudstaden i ett stort *imperium*. Vi vaknar i gryningen allihop och plötsligt sjuder det av liv och rörelse. Inne i husen börjar man städa. Alla soporna kastar man rakt ut på gatan. Sedan börjar var och en att utföra sina dagliga sysslor. Kvinnorna gör sig i ordning och går sedan och handlar. Gatorna fylls med människor, mulåsnor, vagnar och varor... En sån trafik! Det är en salig röra! Handlarna öppnar sina affärer och hantverkarna slår upp dörrarna till sina verkstäder. Och varje dag dyker det upp nya byggplatser, där man bygger vägar, hus och monument. Arbetskraft saknas inte! Vi finns ju, vi stackars slavar som arbetar hårt hela dagen utan att få någon lön!

I Rom kallas stadens centrum för *Forum*. Det är ett stort torg som är utsmyckat med fantastiska byggnader och tempel. Varje dag myllrar det av folk som kommer dit för att byta varor. Man diskuterar affärer och politik eller också står man bara och pratar vänskapligt. För på Forum kan du träffa alla sorters människor, från slavar till mäktiga personer, ja till och med *senatorer*, som håller sina möten i *kurian*, eller domare som diskuterar rättfall i de stora domstolarna som kallas *basilikor*.

Ungefär mitt på dagen tar vi en liten paus för att äta en snabb och enkel måltid. Sedan fortsätter vi att arbeta fram till kvällsmaten. Men många romare ägnar eftermiddagarna åt något helt annat. Nämligen att bada i *termerna*. Det är allmänna simbassänger dit man går för att ta sig ett dopp och träffa sina vänner. För mig är det som en dröm! Tänk dig, det finns massor

med bassänger med vatten som har olika temperatur! Vill man ha riktigt hett vatten går man till *calidarium*, vill man slappna av kan man besöka *tepidarium* och vill man ta sig ett kallt och uppfriskande dopp hoppar man i *frigidarium*. Sedan finns det både gymnastiksalar, bastu och

omklädningsrum där! Vad säger du om det, va?!

Innan solen går ner skyndar sig alla hem för att äta kvällsmat. När mörkret faller blir det alldeles svart och då är det farligt att vara ute. Men du, det är sent nu också och Rufola väntar på att jag skall komma och mjölka henne. Jag måste skynda mig!

Livet på Fyn

Jamen, då följer jag med dig, så får du veta något om mig och min familj. Vi bor på en ö som vi kallar Fyn. Där finns det inga stora städer, bara stora och små byar. Varje by har en hövding som är rikare än de andra i byn. Han bestämmer över vad som skall ske och han har ansvar för att byn är så väl skyddad som möjligt mot angrepp utifrån. Det finns många rövarband som stryker omkring!

I vår hemtrakt har vi en stark och klok hövding. Han har låtit sina *trälar* och de fattiga som inte äger någon egen mark, bygga en försvarsvall runt vår by. Det gör det nog svårt för fiender att anfalla från land. Och om de skulle komma seglande, så kommer de att bli överraskade! Under vattnet har vi slagit ner tjocka trästockar som stoppar deras båtar, ja, vi har spärrat av hela infarten till *fjorden* och bara vi själva vet hur man kan ta sig förbi.

Men för det mesta går våra dagar i byn stilla och lugnt. Vi vaknar när solen går upp och byns tuppar gal. Det gäller att ta vara på dagens ljus, för inne i våra hus är det mörkt, utom precis där eldstaden finns förstås! Alla måste hjälpas åt med arbetet i byn, för nästan allt vi behöver tillverkar vi själva. Om någon är lat kan det betyda att något fattas inför vintern.

några hästar också, den ena är den som drar fars vagn nu när vi är på resa. Och så har vi hundar! Hundar som är stora som baggen där hemma! Dem retar man inte i onödan, inte! De är tränade att anfalla främlingar som kommer objudna och att hjälpa till då männen går på jakt.

Men våra hundar är snälla mot oss, som de bor hos. När jag var liten fick jag rida på ryggen på en av våra hundar, det har mor berättat. Jag såg nog lika rolig ut som du på Rufola förut! Nej, vet du vad, nu är jag allt bra trött jag också, vi får fortsätta imorgon. Tänk om det hade funnits termer här också! Det hade varit skönt med ett bad, efter allt damm som yrt omkring oss och så hade vi kanske sluppit alla Rufolas flugor... Vi kan väl ta ett dopp i floden innan vi går hem?
Sist i är en barbar!

Vi arbetar tillsammans på åkrarna, både vuxna och barn. Det är hårt och smutsigt och jag är glad när min far ibland frågar mig om jag vill följa med, då han skall fara bort på handelsresor. Men för det mesta går dagarna för oss barn med att rensa bort ogräs på våra odlade marker eller passa djuren som vi har på ängarna utanför byn. Vår by är ganska rik, för vi har både kor och grisar och så får och getter förstås. Vi har

Hus på höjden

Attjo, attjo, fy vilken förkylning! Du och dina goda idéer... bada i floden i den här kylan! Vi romare är vana vid varmare vatten! Sätt dig nu här, så skall du få höra hur vi bor.

Många romare bor i hus på landet. En del har bara enkla små stugor, medan de rika har stora villor med alla bekvämligheter. Husen i städerna ser också olika ut. De rika och mäktiga romarna bor i villaområden, i "herremanshus" som kallas för *domus*. Jag bor i ett domus, men det är bara för att alla mina släktingar är slavar i tjänst hos en rik och mäktig general.

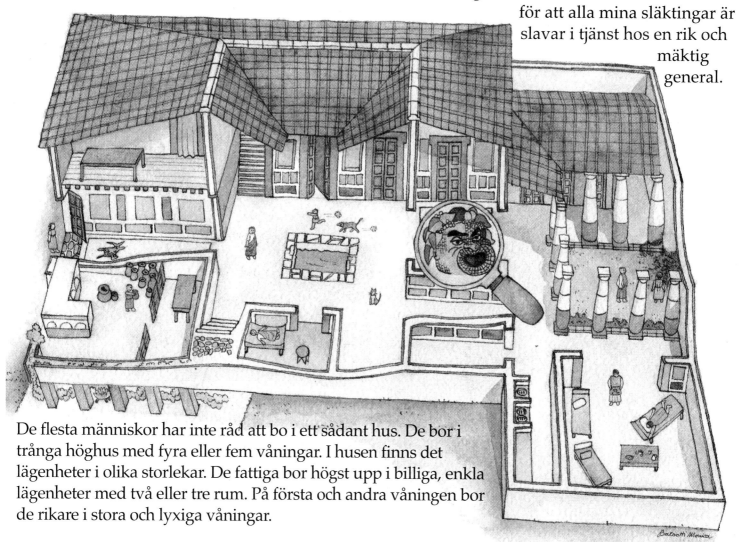

De flesta människor har inte råd att bo i ett sådant hus. De bor i trånga höghus med fyra eller fem våningar. I husen finns det lägenheter i olika storlekar. De fattiga bor högst upp i billiga, enkla lägenheter med två eller tre rum. På första och andra våningen bor de rikare i stora och lyxiga våningar.

Naturligtvis är de rikas domus mest spännande. Jag skall rita ett sådant för dig, så blir det lättare att förklara hur det ser ut. Ser du? Alla rummen vetter in mot ett stort öppet rum i mitten. Det kallas för *atrium*. Det här rummet är en sorts innergård som skall ge ljus åt de andra rummen. I atriumets tak finns ett stort hål och när det regnar samlas vattnet upp i en liten damm som sänkts ner i golvet under hålet. I ett av atriumets hörn står ett altare som liknar ett litet tempel. Varje kväll går min husbonde dit för att be och ställa fram offergåvor till våra husgudar. Det är våra förfäders själar som skyddar huset. Runt gården ligger de andra rummen. Här finns sovrummen som är små och ofta utan fönster.

Bredvid dem ligger *tablinum*, som är vardagsrummet och *triclinium*, en matsal där de rika äter. Vid måltiderna halvligger de på soffbänkar som är placerade runt låga bord.
Mellan vardagsrummet och matsalen finns det en underbar trädgård som är omgiven av *kolonner*. Den kallar vi *peristylum*. På somrarna äter man där ute för att det är svalt och skönt. I trädgården kan man hitta vinrankor, träd och buskar med doftande blommor och örter.
Men det finns också andra rum i huset. Vi har djurstallar, kök och skafferi och badrum. Du skulle se vilka grejer! Det finns hur mycket vatten som helst i badrummen. När det blir kallt kan man värma upp huset med varm luft som går igenom ett system som går under golvet och mellan väggarna.

I lyxhuset lyser man upp rummen med oljelampor. Det finns väldigt lite möbler, men du skulle se vilka utsmyckningar det finns där inne! Väggarna är konstnärligt målade och golven är fulla med *mosaiker*. Det är små fyrkantiga stenar och glasbitar i olika färger som man har limmat ihop bredvid varandra så att de bildar vackra mönster. Jag vet exakt hur varje sten ser ut, för det är alltid jag som får putsa dem... Men varför ser du så förvånad ut?

Hus på längden

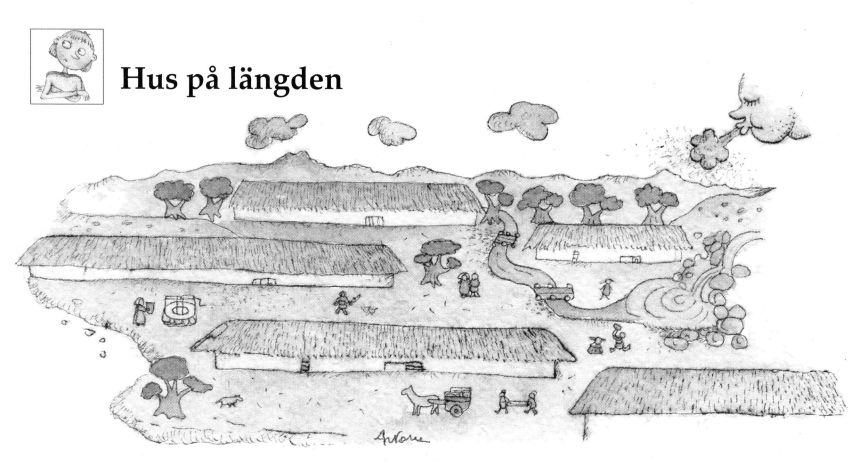

Tänk att era hus sträcker sig upp mot himlen! Hos oss är det tvärtom, hemma kryper husen nästan längs marken och har taket nerdraget som en mössa, för att vi inte skall frysa.Det blåser nästan alltid och för det mesta blåser det från samma håll - från väst mot öst. Så därför har vi byggt de flesta av våra hus med vindens riktning, så att det blåser längs husen och inte rakt emot dem.

Hemma ser husen ut som uppochnervända skepp ungefär, med taket gjort av ett tjockt lager av vass eller halm. Det är så tjockt att regnvattnet inte kan rinna in, så där som det kan hos er. Jag tror inte att min mor skulle vilja ha en damm inne i huset... Sedan är väggarna gjorda av stolpar med flätade grenar mellan och lera utanpå, så att det inte blåser in.

Våra hus har bara en våning, men så är de desto längre istället. Det längsta huset i vår by är nära 100 steg långt. Där bor vår hövding. Min familjs hus är inte så långt, men det är i alla fall stort nog för oss. Där bor jag och min syster och så mina föräldrar förstås och så min farmor och farfar och min gammelfarfar. Han är så gammal att han inte längre orkar gå upp om morgnarna. Han ligger hela dagen på bänken nära elden och fast att han ligger så nära, att glöden ibland hoppar upp i skägget på honom, så fryser han i alla fall! Han hade varit bra lycklig, om vi hade haft sådana där varmluftssystem, som ni har...

Vi andra sover också på bänkarna, som finns runt omkring väggarna i rummet och där sitter vi också när vi äter. Jo, och så har vi hyllor uppe under taket. Där förvarar vi vår mat, så att inte mössen kommer åt den.

Hos oss får vi värme från eldstaden som finns mitt i huset. Och så från djuren förstås, våra grisar och får och getter. Till och med hästen bor inne, fast han är ganska så stor. Vi har djuren i den högra delen av huset och så bor vi själva i den vänstra.

Men en sak tycker jag verkar konstig och det är det här med badrummen. Badar ni jämt, ni romare? Jag menar, häromdagen berättade du ju om alla de där olika sorternas bad ni har i badhuset, termerna, eller vad vad de nu heter, calidarium och frigidarium, är ni inte rädda att bli sjuka av att bada så mycket?! Hemma badar jag i havet ibland och så när min mor tvingar mig, fast det är inte så ofta som tur är...

Vad vi äter och dricker i Rom

Vilken underbar dag! Man blir ju hungrig av att vara ute i friska luften. Ska vi prata lite om god mat medan vi väntar på lunchen?

Som du vet är min farbror Elio jätteduktig på att laga mat. Han har lärt mig många recept. Det romerska köket är väldigt speciellt och jag älskar mat! I Rom finns det många marknader där man säljer mat. Och så finns det affärer man kan handla mat i. De säljer frukt och grönsaker, kryddor, mjöl, kött och färsk fisk. Ja, den är så färsk, att man har den levande i stora kar, fyllda med vatten.

När jag tänker på alla goda saker, som man bakar i Rom, så vattnas det i munnen på mig! Runda doftande bröd som bakas av vetemjöl eller kornmjöl. Och korgar fyllda med knapriga småkakor. När den äldste slaven i vårt hus skall gå och handla frågar jag ofta om jag får följa med. Eftersom jag är bra på att hitta billiga varor brukar jag få någon liten sötsak som belöning. Jag skulle kunna ge vad som helst för en skål med honung just nu!

Så här äter vi varje dag. När solen går upp vaknar vi och äter en rejäl frukost. Den består av platt, nybakat bröd som vi bryter i småbitar, oliver och ost. Mitt på dagen äter vi bara bröd, grönsaker och en gröt som görs på vetemjöl. På kvällen äter vi mest. Men det är bara de rika som har råd att äta en riktig festmiddag. Den börjar klockan tre eller fyra på eftermiddagen. Husbonden och hans fru och deras gäster tar av sig skorna och tvättar fötterna noggrant. Sedan sträcker de ut sig på soffbänkarna, lutar ena armbågen mot kuddarna och börjar festmåltiden. Vill du veta vad de äter? Jo, dom där rikingarna äter massor av olika kötträtter. Stekar, kyckling, får, gris och viltkött. Och så nybakat bröd med fårost, ägg, svamp, såser, olika ostar, fisk och sallader. Sen äter de olika risrätter och grönsaksrätter, frukt och bakelser...

Alla resterna, ben, skal och sånt, slänger man rakt ner på golvet. Till middagen dricker de massor med vin. Man späder alltid ut det med vatten och ibland även med honung, så att gästerna inte skall bli berusade utan bara lite glada.

Vi slavar springer ut och in med tallrikar fulla med mat och lerkrus med vin. Oj, som vi får jobba! Men min husbonde och hans fru är snälla och när festen är slut får vi en hel hög med rester från middagen, som vi kan smaska i oss. Vad hungrig jag blir... Jag tror jag skall gå och hitta någonting att äta...

Musslor och mjöd i norr

Stopp ett tag! Nu skojar du väl med mig i alla fall! Menar du, att ni tvättar fötterna innan ni äter? Vad skall det vara bra för? Ni äter väl med fingrarna precis som vi? Det var något av det konstigaste du har berättat! Hm, tvätta fötterna före maten... Vi tvättar händerna efter ibland...

Nåja, jag skall väl berätta om vår mat, jag också. Några sådana där mataffärer som du pratade om har vi inte, men marknader vet jag vad det är, för sådana är jag på med min far ibland. Och färsk fisk har vi så mycket vi vill, jag drar själv upp dem ur havet utanför vår by. Jag och min syster brukar gå längs stranden och samla musslor och ostron och tångräkor. Fast ostron tycker jag inte om! De smakar som kallsupar...brrr! Då är musslor mycket godare! Och så kan man göra smycken av deras skal, för de är alldeles blanka och skimrande på insidan. Det är gott att koka musslor ihop med fisk och örter. Jag skall bjuda dig någon dag! Så får du skaffa oliver, för det har jag aldrig ätit.

Men bröd har vi, kanske liknar de era, för vi odlar också vete och råg och korn. Vi har också ett sädesslag som vi kallar för havre, det kokar vi gröt på eller bakar små kakor av. Det finns ingenting som luktar så gott som nybakat bröd, det har du rätt i! Min mor maler mjölet själv i en kvarn. Hon har precis fått en ny av far, det är en helt ny modell, som han hade sett på en marknadsplats. Den är gjord av två flata stenar, som man drar runt mot varandra - den är mycket bättre än den gamla, för nu kan mor mala mycket mera mjöl åt gången.

Vi äter också kött från får och grisar och kor och vilt. Rökt hjortkött är det bästa som finns! Och vi dricker vin när det är fest, fast vårt vin ser inte ut som ert. Vi gör ett sorts vin på frukt och ett annan som vi har humle och korn i, det kallar vi för *mjöd*, och dett sötar vi med honung, precis som ni gör med ert vin. Men jag har aldrig sett att någon häller vatten i det hos oss... det borde vi kanske göra, för efter festen blir en del vuxna så trötta, så de somnar direkt på bänken där de suttit! Då brukar våra trälar smyga sig fram och stoppa i sig resterna efter festen, du, det går ju till precis som hos er!

Fast en sak förstod jag inte, när du berättade om, vad ni åt. Du, vad är en bakelse egentligen?

Togor och höga klackar

Titta som jag ser ut! Efter den långa resan och allt jobb med Rufola ser mina tunikor ut som trasor. Inte för att jag har några finare kläder på mig i Rom, men de är åtminstone hela och rena. Min husbonde och hans fru vill nämligen att deras slavar ska se prydliga ut. Min faster och min mamma tvättar och väver, ändrar och lagar alla möjliga kläder. Min mamma heter Iride och hon är jätteduktig på att väva tyger. Det är en urgammal tradition, men i Rom är det nästan ingen som bryr sig om det längre.

De rika föredrar att köpa färdiga tyger eller att importera dem, som sidentyger till exempel. Det är ett vackert blankt tyg som kommer långt borta ifrån och som kostar hur mycket som helst! Frun i vårt hus är lite gammaldags. Hon brukar samla de duktigaste slavinnorna och sedan sitter de i timmar vid den gamla vävstolen och gör tyger av ull, lin och bomull. Att färga tygerna är inget problem. I Rom finns det många färgbutiker som kan färga dem precis i den nyans du vill ha. Den mest omtyckta färgen är purpurrött. Kan du tänka dig, den gör man av någon konstig fisk!

I Rom kan man se alla sorters kläder. Modet kommer ofta från något av länderna som romarna har erövrat.

När männen i Rom vill se riktigt fina och eleganta ut tar de på sig en *tunika* som dras åt i midjan med ett vackert skärp. Ovanpå den bär de en toga som är formad som en halvmåne. Ja, den ser faktiskt ut som en sådan! Den sätts fast på ena axeln med en *fibula*, ett slags spänne, och draperas runt kroppen. Sedan ska den veckas och rullas snyggt. Det får en slav göra.

Usch, vilket arbete! Och så obekvämt det verkar att ha allt det där på sig! Vi slavar och de fattiga bär aldrig sådana kläder. Vi har bara en tunika på oss, för det är bara de fina männen som får klä sig i toga.

Men nu för tiden ser man inte så många togor på gatorna. De har ersatts av en *pallio*, en vit mantel som är enklare och mer praktisk. Du vet, modet växlar snabbt hos oss, särskilt för kvinnorna. Det plagg som är mest modernt just nu för kvinnor är en *stola*. Det är en lång klänning med många veck som hålls ihop av två olika skärp. Ett i midjan och ett lite högre upp för att de skall visa sina former... De fina damerna är så fåfänga! Du anar inte så mycket fransar och volanger, broderier och annat krimskrams de har på sig... Över axlarna har de en liten mantel, kort eller lång. Och du skulle se deras smink och frisyrer! Under festerna hemma i Rom har jag sett damer som har färgat hår med guldpuder i. Vissa hade frisyrer som såg ut som buskar med alla lockar och löshår. Andra hade hårknutar formade som garnnystan eller sköldpaddor... Helt otroligt!

Vad man har på fötterna? Jo, både kvinnor och män har läderskor som snörs ihop långt upp på benen. De kallas för *calcei*. Hemma har man sandaler eller bekväma tofflor på sig, för det är ju inte alls skönt att ha samma skor ute som inne. Det finns naturligtvis en massa olika slags skor. Till och med sådana med klackar på. Men det gäller som vanligt inte för oss slavar och fattiga, nej du, vi får bara ha sandaler av hårt läder eller stenhårda träskor. Vilket liv!

Ja, så klär man sig i Rom. Men ni däruppe, hur sjutton kan ni har på er sånt där?

De byxklädda folken

Jag ser nog att du tittar på mina kläder. Vad är det som du tycker är konstigt? Är det kanske mina byxor? Min far har sagt att ni romare kallar oss *Braccatae Nationes*, de byxklädda folken - och då låter det som ni tycker, att vi ser fåniga ut. Men titta här, så skall du se så fiffigt det fungerar.

Nu då det har varit vinter och kallt, så har vi byxbenen så långa att de går ända ner omkring fötterna. Allt i ett! På det viset fryser vi inte, som ni som går med fötterna bara - men ni har kanske inte så kallt som vi på vintern? Brrr, i vintras var det så mycket snö, att vissa morgnar fick vi klättra ut genom en liten öppning högst uppe vid gaveln på vårt hus. Då var det skönt att ha ett par långa byxor som sitter tätt om benen!

När det är riktigt kallt, sveper vi ett par extra tygstycken nere om benen och sätter fast dem med tunna läderremmar eller snören av ull. Vi har skor också, fast inte med så långa skaft som ni. På sommaren har vi byxor med korta ben och då går vi barfota förstås.

Uppe vid linningen, här ser du, så har vi isydda stroppar som håller bältet på plats. Har du sett mitt spänne här? Är det inte fint? Det är smeden hemma i byn som har gjutit det . Mitt spänne är av brons, men min far har ett av silver som är ännu finare. Du kan se på en karl, hur rik han är, om du tittar på hans bältespänne. Ju rikare han är, desto större och finare är spännet. Den som är riktigt fattig, har bara ett lädersnöre...

I bältet kan vi hänga sådant vi behöver. Jag har min kniv här och mitt *eldstål* i en läderpåse. Jag skall visa dig, hur man gör upp eld med det sedan.

Ja, och så har jag en tunika, precis som du, och min kappa förstås, ovanpå, så här över ena axeln. Den sitter fast med en stor fibula - likadana som ni använder i Rom. Min är ganska enkel, men min mor har flera med snirkliga mönster. De är så vackra, tycker jag. Ibland gör smeden sådana som ser ut som ormar som nästan biter sig själv i rumpan och som snor sig runt, runt. Min mor tycker mycket om de där mönstrade nålarna, det vet jag. Hon är nämligen ganska så stolt över, att hon har mer än en. Det finns kvinnor i byn, som inte har en enda. De får sy ihop sina kläder helt och hållet istället och det är inte alls så bekvämt.

Om kvinnorna också har byxor? Nej, hur skulle det se ut! Då skulle man ju inte kunna se skillnad på män och kvinnor, vet jag! Nej, kvinnorna hos oss har långa kjolar med mycket veck och så en blus upp till och en kappa över, när det är kallt. Eller så har de långa klänningar, som ser ut som stora rör. De hålls ihop vid axlarna med två fibulor och ibland har kvinnorna också bälte, precis som vi män. Fast så bekvämt som vi har det med våra byxor, har de nog inte. De kan ju inte sitta bra på en häst med de där rören till klänningar!

Det är förresten min mor som syr alla kläderna till vår familj. Det är ett jättearbete, må du tro! Men i Rom har ni ju sådana där affärer för tyger så det behöver ni inte tänka på. Hos oss börjar vi med att klippa byns får. Det är en av de roligaste dagarna på året, tycker vi barn i varje fall. Vi hjälper till att samla in alla fåren och så håller vi fast dem, så att de vuxna kan klippa av dem deras tjocka vinterpäls. De ser så nakna och ynkliga ut efteråt och så bräääker de, så att man får hålla för öronen!

Min mor har berättat att förr i tiden så var alla får bruna. Men våra får, de är antingen bruna eller grå eller vita, så vi har kläder i olika färger. Du såg kanske att min far hade en blå kappa? Men vi har inga blå får, om du nu trodde det, ha! Det är min mor som färgar en del av ullgarnet, så att det blir blått. Visst är det fint, eller vad tycker du? Jag hoppas, att jag får en blå kappa, när jag blir vuxen...
Men innan ullen blir till kläder, måste man göra en massa olika saker med den. Den skall rensas och sorteras och tvättas och torkas, innan man ens kan börja göra tråd av den. Jag är inte så bra på att spinna och dra ut långa trådar ur ullen och sno ihop det så att det blir till garn. Mina fingrar är för klumpiga, eller så är det för att jag inte tycker det är roligt, det säger min mor i all fall... Men jag tycker att det är roligt att få nya kläder!
Min mor är duktig på att väva tyger. Hon har en stor väv som står rätt upp och så finns det tyngder av bränd lera längst nere, så att trådarna skall hänga rakt. Du må tro, att hon kan väva fint. Min mor väver både enfärgade tyger och så sådana som är antingen randiga eller rutiga i olika nyanser. Och så kan hon väva särskilda kantband och dekorera tygerna med, fast det gör hon inte till mig än på länge, för jag har jämt sönder allt, säger hon, och så växer jag ur allt hon syr...

Hur det är att vara barn i Rom

I alla romerska familjer är det fadern som bestämmer allt. Att vara barn betyder först och främst att man måste följa den regeln. Vet du att man lägger alla nyfödda barn här hos oss vid faderns fötter. Om han tar barnet i sina armar betyder det att barnet är välkommet i hans hus. Gör han inte det blir det inte roligt för barnet. Då sätter man ut det vid en pelare och sen kan vem som helst som vill ha det, ta det.

I familjen får barnet ett namn och en *bulla*. Det är en lustig liten medaljong som pojkarna bär runt halsen tills det blivit vuxna och flickorna tills de gifter sig. Nej, det är inte lönt att du tittar på mig, jag har ingen. Jag är ju slavinna!

Men alla vi barn, både rika och fattiga, fria eller slavar, hittar alltid några minuter då och då för att leka. I Rom finns det många slags leksaker. För de riktigt små finns det skramlor som är gjorda av *terracotta* eller trä, fyllda med små stenar. För de lite äldre finns det ringar och bollar och snurror. Det finns till och med små ridhästar i trä som går på hjul!

Naturligtvis har inte alla råd med sådana leksaker, särskilt inte vi slavbarn. Men att leka utomhus, det är kul! Känner du till kurragömma och blindbock? Eller genga, som vi spelar med valnötter? Vi har jättekul med valnötter! Man lägger dem ovanpå

varandra tills man har byggt ett litet torn. Den som kan dra ut en valnöt utan att tornet rasar har vunnit. Ska vi prova? Jag har faktiskt ett dussin valnötter gömda i tältet!

Men först vill jag visa dig min docka. Hon heter Flora och är gjord av vax och tygtrasor. Kan du tänka dig att de rika flickorna har dockor med armar och ben som man kan böja…som om de var riktiga! Och dom är inte gjorda av tygtrasor utan av ben och terracotta. Deras frisyrer ser ut som kejsarinnornas. Du kanske inte tror mig, men de har faktiskt till och med egna smycken, prydnadssaker och möbler, fast i miniatyr! Men Flora är min docka och jag älskar henne och jag skulle inte ens byta bort henne mot en docka helt i guld!

Barnen i Rom leker ju förstås inte alltid, de går i skolan också. Ja, även flickorna, men inte jag. Jag lär mig av farfar istället. Jag vill inte skryta men alla säger att de bästa lärarna kommer från Grekland, precis som mina släktingar. Men lärarna är stränga också. Och dom lata eleverna, dom får smaka på den hemska *ferulan*, en käpp som läraren slår dem på händerna med. Ibland slår han dem någon annanstans också…

Ibland har man lektioner utomhus eller också samlas eleverna hemma hos läraren. Men för de allra rikaste är det annorlunda. Min husbondes son, Lucio, har en egen privatlärare hemma. Jag rotade lite bland Lucios saker och hittade hans *capsa*, där han förvarar sina skolsaker. Det är en väska med styva sidor, en slags *cylinder*. Inuti finns det rullar av *papyrus* som man kan läsa på. För att skriva använder Lucio en liten tavla med vax på. Där karvar han in bokstäverna med en liten pinne med vass spets som kallas för *stylus*.

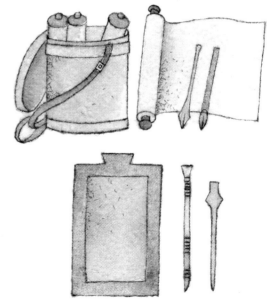

Nä, nu räcker det. Jag pratar alltid för mycket! Kom igen då så utmanar jag dig på genga!

Hur det är att vara barn i norr

Vad kul det var att spela gänga! Det märks att du har spelat mycket, du är bra på det där. Jag skall lära mina vänner i byn det, när jag kommer hem. Och Flora var också fin - jag vet att min lillasyster skulle varit grön av avund, om hon hade sett henne. Hon ser bra mycket mer levande ut än min systers stela trädocka. Jag undrar om era ridhästar på hjul är lika fina?

Ändå kan jag inte låta bli att fundera på en sak: har ni det så mycket bättre än vi, egentligen? Jag menar, det här du sa, om att ni sätter ut barn vid en pelare. Det låter ju inte klokt! Har ni så gott om barn? Hos oss är det alldeles för många barn som dör, när de bara är små. Det är faktiskt ruskigt. Ibland blir de sjuka eller så får de för lite mat. Och du vet ju, att vi inte alls är så många i vår by, som ni är i Rom, och därför behövs vi barn. Om inte det finns tillräckligt många barn i en by, som kan växa upp och bli starka och ta hand om föräldrarna, när de blir gamla, hur skulle det gå då? Då skulle ju ännu fler få svälta och vi skulle inte kunna försvara oss om det kommer fiender...

Hos oss lär vi oss saker hemma i byn hela tiden, så vi går inte i någon sådan där skola. Jag lär mig att ta hand om djuren av min mor och hon har också lärt mig vilka växter som är bra mot olika sjukdomar. Jag kan stoppa blod med *groblad* och göra te av björnbär som är bra mot magont, lär ni er sådant i er skola? Min mor kan inte skriva och läsa, men hon är en mycket klok kvinna ändå. Far vet, att vi inte skulle klara oss utan henne och det är väl därför som de bestämmer lika mycket båda två, tror jag.

Min far har lärt mig en massa andra saker. Han vet hur man bygger ett hus och hur man sår korn och vete och han vet hur han skall smyga sig på en hjort, med vinden i ansiktet, så att inte hjorten känner vittringen av honom. Och så vet han hur mycket han skall ta betalt för sina varor av er romare - och allt det och en hel del till, det lär han mig också! Det är väl en bra skola jag går i, eller hur, och så slipper jag att få den där ferulan på fingrarna... skönt!

Nu tycker jag, att vi har suttit stilla tillräckligt länge - vi leker något! Vi kan leka tafatt .... du kan inte ta mig, du kan inte ta mig...

Caesar - en känd romare

Vi har så många berömda och kända personer att jag inte vet vem jag ska börja

Julius Caesar levde för länge sedan och tillhörde en mycket fin familj. Han

berätta om. När jag var liten brukade min farfar berätta för mig om Julius Caesar och hans liv. I alla historier om honom sägs det att han var en mycket duktig och ovanlig man. Både som krigare, som politiker och som författare. Ja, till och med hans död har blivit en *legend*!

hittade på en massa saker! Han erövrade till exempel hela Gallien. Där stred han längst fram i ledet och sedan skrev han ner alla sina äventyr i en dagbok som han kallade "Om kriget i Gallien". Den boken blev sedan mycket känd och omtalad.

I Rom styrde Julius Caesar tillsammans med andra mäktiga män. Men han var den som klarade det bäst av alla. Därför utkämpade han ett krig mot de andra mäktiga männen och vann. Sedan blev han *diktator* på livstid, alltså en som ensam bestämmer om allting. Än idag använder vi faktiskt hans namn "Caesar" när vi menar "kejsare".
Naturligtvis hade han många fiender, även i själva staden Rom. Till slut lyckades de också mörda honom. Och vet du vem det var som bedrog honom och stack en kniv i honom? Jo, det var Brutus, hans egen adoptivson! Man kan verkligen inte lita på någon i en stad som vår!

Julius Caesar lämnade många saker efter sig som gör att vi kommer ihåg honom. Statyer som föreställer honom, guldmynt med hans ansikte på, monument som är uppkallade efter honom, och så…kalendern! Ja just det, vår egen kalender! Han gjorde om den på ett sätt som jag tycker är jättebra. Vill du veta hur? Jo, han delade in året i 365 dagar och satte in en massa helgdagar. Det finns så många nu och jag vill inte missa en enda av dem!

Caesar hade tre fruar och en massa flickvänner. En av dem var lika känd som han själv. Det var Kleopatra, den berömda drottningen av Egypten.

Bland jättar och hjältar

På kvällarna, när vi är färdiga med dagens arbete, brukar vi sitta vid eldstaden och prata. Då berättar min far eller farfar historier om hur det var förr i tiden. Min farfar kommer ihåg så långt tillbaka som till jättarnas tid! Då var det farligt att leva, må du tro... Det fanns vilddjur som var stora som det största trädet i skogen och jättar som klampade fram och som kunde trampa ihjäl en människa som ingenting! Tur att jättarnas tid är förbi, eller hur? Törs du höra en alldeles sann, men hemsk historia från den tiden - jag menar, det kan ju inte hända nu, i våra dagar, eftersom det inte finns några jättar längre! Jo, det var så här:

I vår del av Scandia fanns det en pojke som hette Skjöld. När han var ungefär så gammal som jag, fick han en gång följa med de vuxna ut i skogen på jakt. Han skulle inte få jaga själv, bara titta på, så därför hade han inga vapen med sig. Då kom det en jättestor björn. Den var så stor, så stor och den blev ännu större, för den reste sig på bakbenen och höjde frambenen upp i luften, så här, och skulle just slå till Skjöld med sina stora tassar... men Skjöld fick av sig sitt bälte fort, fort, och snodde runt det om björnens gap, så att den inte kunde bitas ... och så pressade han ner björnen mot marken tills de andra, som hade vapen, kom och kunde fälla den. Du förstår att Skjöld var bra stark, va?

När Skjöld var äldre, kanske 15 år eller så, var han ännu starkare och ännu klokare. Han var så klok och stark, att han blev vald till hövding över många stammar uppe där vi bor. Det var nog ett bra val de gjorde, "för Skjöld var både modig, givmild och ädelmodig", säger farfar. Han gav folket nya, rättvisa lagar, han betalade andras skulder och så såg han till att de sjuka fick mediciner. Men så blev han förälskad i en flicka som hette Alvilde. Det var bara det, att det fanns en till som var kär i henne och det var en annan hövding, som hette Skate. Då bestämdes det, att Skate och Skjöld skulle slåss om Alvilde och det blev en tvekamp på liv och död. Gissa vem som vann? Ja, det är rätt! Skjöld vann och efter det gifte han sig med Alvilde och de fick en son som hette Gram. Och Gram, han blev ännu mer berömd än sin far. Nu måste du lyssna noga...

I en annan del av Scandia fanns det en hövding som hette Sigtryg och han hade en dotter som hette Grå. Nu fick Gram höra, att Sigtryg ville gifta bort Grå med en jätte och det tyckte han var bra skamligt. Därför bestämde han sig för att försöka stoppa det. Gram drog iväg bort mot Sigtrygs trakter och för att skrämma dem som han mötte på vägen, klädde han själv ut sig till en jätte! Han tog på sig ett skinn från en getabock och några andra djurhudar och så tog han en stor påk i handen. Kan du tänka dig hur hemsk han har sett ut? Jag är glad att jag slipper möta honom, det tänker jag ofta när det är mörkt och jag just skall till att somna...

Nåja, vem tror du Gram möter, mitt inne i en stor skog? Ja, inte är det en jätte i alla fall, nej, han möter Grå, flickan som han vill rädda! Men hon blir klart vettskrämd, tänk dig själv, som han ser ut med bockskinn och påken i högsta hugg... och så tror hon förstås, att han är jätten som hennes far vill gifta bort henne med! Och stackars Grå, hon bönar och ber, hon vill inte alls bli bortgift med en ful, luden jätte med stora klor... men då kastar Gram av sig sin förklädnad och genast blir Grå förälskad i honom. Usch, det är en hemsk historia, men jag har ju varnat dig. Slutet på historien är så här:

Gram får veta av några spåmän, att Grås elaka fader Sigtryg bara kan övervinnas med guld. Alltså måste Gram tänka ut något bra knep och det gör han också, för han är lika klok som far sin. Han klär in hela sin påk i guld och efter det har han inga svårigheter alls att slå Sigtryg och 16 av hans kämpar. Slutet gott, allting gott!

Att kriga som en sköldpadda

På tal om att slåss så är romarna väldigt bra på det också. Den romerska hären är stark och välorganiserad, men soldaterna lever inget roligt liv minsann. Det består mest av oändliga krig och lång väntan i soldatlägren. Men inte nog med det. Sedan måste de marschera timme efter timme (jag vet ju själv hur det är!) och bära med sig både vapen och packning!

Även när de inte är ute och krigar har soldaterna mycket att göra. Dom ska bygga broar och vägar eller också måste de förstärka murarna kring lägren som oftast är lika stora som en hel by. Tror du mig inte? Följ med mig då så får du se!

Här är vårt läger. Det ser ut som en fyrkant och har två stora gator som korsar varandra. Gatorna kallas *cardo* och *decumanus*. Runt lägret har soldaterna grävt en vallgrav som skydd. Innanför den står en mur av pålar. Muren har fyra portar, en i varje väderstreck. I mitten av lägret står generalens pampiga tält. Framför tältet finns ett altare där man utför religiösa riter. Du förstår, varje gång soldaterna skall ut och kriga, offrar de först några djur till våra gudar.

Du ser att det står andra tält bredvid generalens. Där bor officerarna och special

trupperna. Vi har häststallar också och en lada för Rufola och de andra djuren som vi måste ha med oss. Sen finns det fler tält där soldaterna bor, och slavarna och alla andra medhjälpare som följer med hären. Det är kockar, läkare, hantverkare och många fler.

Den romerska hären är indelad i legioner. Tänk dig, det finns upp till 5.000 män i varje legion! Fast själv har jag aldrig räknat dem…Man delar in legionerna i mindre avdelningar, som kallas *kohorter* och *centurioner*. Titta dig omkring! Många soldater har en hjälm på huvudet. Under rustningen, som är gjord i fiskfjällsmönster eller av metallremsor, bär de en liten kjol av tyg och skinn. Över den har de en tunika av ylle. Den är bra att ha, särskilt här uppe i norr där det är så kallt!

Soldaterna är beväpnade till tänderna med svärd och lansar, kastspjut och sköldar, och några andra konstiga manicker som jag inte vet vad dom ska vara bra för…Du kanske vet mer än jag om det, eftersom dina far köper och säljer romerska vapen!

Men en sak vet jag! Soldaterna använder inte bara sköldarna för att skydda sig utan också för att bilda en konstig figur tillsammans. Den kallas för "sköldpaddan" och ser faktiskt ut som en sådan! Men det är ingen sköldpadda utan en slags människomur som soldaterna bildar när de ska anfalla fienden. På så sätt är de skyddade och kan anfalla tätt tillsammans.

Men du, vill du veta en hemlighet? Jag tycker inte alls att den här hären är någon bra idé! Alla männen måste vara långt, långt hemifrån och leva ett jättehårt liv. Det tar 20-30 år innan de får en liten jordplätt som tack och kan återvända till sin familj och leva i lugn och ro. Är det så hos er också?

Att slåss som blodtörstiga myggor

Nej, inte riktigt, men att kriga och slåss är något som också är viktigt för oss germaner. Inte för att jag tycker att det är särskilt bra att kriga hela tiden, men vad skall vi göra? Det är inte lätt att hålla fred, när det finns så många stammar och hövdingar, som hela tiden vill roffa åt sig det som är någon annans. Och så ni romare! Er kejsare och soldater brer ju ut sig som en vårflod. Ni översvämmar ju allt som kommer i er väg! Det är inte konstigt att vi tycker att vi måste försvara oss, eller hur? Men ni är så vältränade och så många... jag har sett när era trupper kommer marscherande. Inte ser det ut så, när vårt folk skall förflytta sig inte.

Ändå händer det att vi slår er när det blir strid, för våra män - och kvinnor med för den delen - är minst lika tappra som era, bara så du vet det! Har du sett hur våra soldater ser ut, när de är rustade för strid? Inte? Då skall jag rita en germansk soldat åt dig här i sanden. Så här kan han se ut: Han har förstås byxor och tunika och en kappa, men så har han sina vapen också. Han har vapen som han använder då han står långt från fienden och när striden skall stå ute på ett öppet fält - då använder han båge och pil eller sitt långa kastspjut. Men, om han har kommit nära fienden eller om de slåss inne i en tät skog, då är det opraktiskt med de vapnen - då använder han sitt svärd och sin sköld och sin lans istället. Några av våra soldater har tunga *ringbrynjor* också. Sådana där tröjor som är gjorda av små, små ringar av järn, du vet. De är säkert bra mot svärdshugg och mot pilar också, men jag tycker att de verkar vara väldigt klumpiga! För att inte tala om hjälmarna som några har... tunga och varma och svettiga...

Våra kvinnor är inte med i själva striden, men de är minst lika viktiga som männen ändå. De är glada och ropar till männen när det går bra för dem och skriker förtvivlat om det skulle gå dåligt. När männen hör det, blir de alldeles som vilda, för då tänker de på att om de förlorar striden kanske deras familjer blir tagna tillfånga och en större skam än att bli träl, det kan vi nog inte tänka oss. Kanske skulle det

vara om någon försöker smita undan striden - en sådan feghet bestraffas alltid med döden. Jag vet att det hände en i grannbyn ...honom dränkte man i en mosse under en matta av flätat ris. Fegt är det också om hövdingen inte visar sig tillräckligt tapper eller om hans män inte är lika tappra som sin hövding. De säger att hövdingen kämpar för segern och att hans män kämpar för hövdingen.

Era soldater är annorlunda rustade och de slåss annorlunda, det vet jag, men för oss gäller det nog snarare att slå till snabbt och försöka, liksom - låsa upp era täta led. Vi måste svärma över er som myggor och sticka där vi kommer åt och sedan - snabbt undan, innan ni hinner slå tillbaka... Skratta inte, du vet väl, hur irriterande myggor kan vara! Och sugna på blod! Riktigt blodtörstiga... bzzzzz!

Marbods båt

Tänker du någon gång på vad du skulle vilja bli, när du blir stor? Om du fick bestämma själv, menar jag? Om jag fick bestämma själv, så tror jag, att jag skulle vilja lära mig att bygga båtar! Inte bara sådana där små, som jag hade när jag var liten, utan stora, riktiga båtar, som man kan segla långt bort med. Kanske ända till Rom! På vägen hit ner såg far och jag flera på floderna. Det såg så spännande ut!

För att bli en bra skeppsbyggare säger far att man måste ha ett bra ögonmått och en säker hand. Det gäller att veta vilka träd eller träslag som kommer att passa bäst till skeppet. Skall man välja ek eller fur? Eken håller bäst, men den är tyngre. Fur är ett lättare träslag, men så är det inte så hållbart som eken... tja, man lär sig väl!

Sedan är det inte bara att gå ut i skogen och fälla vilket träd som helst. Man måste hitta ett som är utan fel och som har de rätta måtten och det kan vara nog så knivigt. Och sedan skall det fällas och fraktas hem och barkas av... och då har inte det riktigt svåra arbetet börjat än! Sedan skall trädet formas till *bordplankor* - det är då man måste vara säker på hand - de längsta överst och de kortaste under. Jag har sett att man sätter ihop skeppssidorna med järnnaglar, men, och det är det listigaste av allt, man binder fast skeppssidorna vid fartygets skrov, med rep. Vet du varför? Jo, för då blir fartyget smidigt och böjligt och då möter det vågorna mycket bättre! Tänk om jag fick bli skeppsbyggare...

Jag skulle bygga ett skepp som var ända upp till 50 steg långt och kanske sex eller åtta steg brett. Där skulle få plats 15 roddare på varje sida, det blir trettio stycken roddare tillsammans, du! Och så skulle jag själv stå med styråran längst bak och styra oss säkert förbi alla farliga grund och *revlar*. Förresten, mitt skepp skulle ha en ganska flat botten, med stenar som *ballast* ovanför kölen, för då kan det lätt ta sig in till kusterna... Vem vet, en dag kanske jag seglar ner till Rom - vet du om det finns floder man kan segla på, ända fram?

Romerska skepp

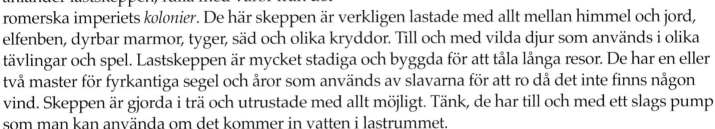

Båtar kan jag inte så mycket om, men eftersom du gillar dem och jag har hört lite om dem av min farfar så skall jag göra dig glad.

Utanför Rom finns det en stor hamn, Ostia. Dit anländer lastskeppen, fulla med varor från det romerska imperiets *kolonier*. De här skeppen är verkligen lastade med allt mellan himmel och jord, elfenben, dyrbar marmor, tyger, säd och olika kryddor. Till och med vilda djur som används i olika tävlingar och spel. Lastskeppen är mycket stadiga och byggda för att tåla långa resor. De har en eller två master för fyrkantiga segel och åror som används av slavarna för att ro då det inte finns någon vind. Skeppen är gjorda i trä och utrustade med allt möjligt. Tänk, de har till och med ett slags pump som man kan använda om det kommer in vatten i lastrummet.

Skeppen seglar in i hamnen och sen flyttar man över all lasten till mindre båtar som forslar den uppför floden Tibern ända in i Rom. Det är inte så lätt att ta sig uppför floden, men romarna är inte dumma. Vet du hur de gör? Jo, de använder sig av *mulåsnor*, oxar och bufflar, som går längs stranden och drar båtarna framåt med hjälp av tjocka rep.

Vi har förstås krigsskepp också. Inte för att jag har sett några, men jag vet att de har segel och tre olika rader åror.

Jag ska berätta en hemlighet. Romarna föredrar att kriga på land. Apropå det så berättade min farfar den här historien för mig:

För många år sedan krigade romarna mot *Kartago*. Folket där var mycket skickliga seglare och romarna låg mycket illa till. Men då kom de på en fantastisk uppfinning som löste alla deras problem. Det var en rörlig brygga som hade vassa järntaggar längst fram, precis som djurklor. Så fort ett skepp närmade sig så... PANG! fällde romarna ner bryggan och naglade fast den på fiendens skeppsdäck. Sedan kunde de lätt ta sig över till det andra skeppet och slåss som om de var på fasta land. Kan du gissa vem som vann det kriget?

Musik och musikinstrument

Vet du vad jag vill bli när jag blir stor? Dansös! Jag vill inte skryta, men jag har faktiskt musiken i blodet. Titta så lätt jag kan röra mig! Här ska du få se på en piruett! Fast det är klart, lite måste jag nog träna för att bli lika bra som dansöserna som dansar hemma hos oss vid festmiddagarna. De som jag gillar bäst heter Fedra och Isidina. Det verkar som om de flyger fram till musiken från *harpan*! Vadå? Vet du inte vad en harpa är för något? Det är ett stränginstrument, precis som lyran. Man smeker den liksom med fingrarna och då hörs det ett mjukt och vackert ljud. Den är verkligen populär i Rom just nu. Jag älskar all sorts musik! Det känns som om jag får vingar på fötterna när jag hör musik, även blåsinstrument som flöjter och *panflöjter...*

I en urgammal historia berättas det att panflöjten uppfanns av guden Pan. Han var hejdlöst förälskad i den underbart vackra *nymfen* Syrinx. Men du vet ju hur kvinnor är... Hon ville inte veta av Pan, för att han var så otroligt ful. För att komma undan honom bad Syrinx gudarna att de skulle förvandla henne till vass. Det gjorde de också, men Pan gav ändå inte upp. Han samlade ihop vassen och skar stråna till små pipor i olika längder. Sen satte han ihop dem med hjälp av kåda från träden. Sedan blåste han i dem och då hördes ett underbart ljud som lät som en ljuv klagosång. Pan kallade flöjten för "Syrinx" efter sin älskade, men nu kallar man den även för panflöjt. Tycker du inte att det är en romantisk historia?

Det ljud som jag tycker allra bäst om är det som kommer från orgeln som man spelar på under teaterföreställningarna. Jag vet inte riktigt hur jag ska förklara det men det låter stort och mäktigt. Man blir lite rädd men mest glad. Jag önskar att du kunde få höra det! Orgeln har många pipor, men inte som panflöjtens. Nej, de är höga, helt enorma, och musiken kommer ut med hjälp av en magisk pump. Men vart har du tagit vägen? Jasså, där är du! Jaja, jag kommer nu. Så lustigt, det låter som en konstig vissling...

Att spela för gudarna

Martilla! Martilla! Pfiiiiift! Kom och titta vad jag har! Ett snigelhus! Fast det är hål här uppe i toppen av det - där blåser jag, så här, ner i hålet, pfiiiift, pfiiiift! Vill du försöka? Det är inte svårt alls, jag lovar. Det går också bra med ett ihåligt nötskal, om man inte hittar ett snigelhus. Ibland blåser jag i grässtrån eller i björkblad, det låter lite annorlunda, men ljudet bär långt, långt. Det är ett bra sätt att hålla reda på varandra, om man är ute i skogen och man har kommit bort. Då är det bara att böja sig ner och plocka upp något att blåsa i, så vips - hör de andra var man är!

Ibland skär jag flöjter av videgrenar eller av någon rak grenbit av en rönn. Faktum är, att det växer musikinstrument lite varstans, det gäller bara att ha ögonen öppna... Jag tycker om att gå och blåsa i flöjter och horn, som jag gör själv. Där hemma har jag en riktigt fin liten flöjt, som jag har gjort av ett ben från en get. Jag har kokt ur det först, så att märgen har blivit mjuk och efteråt har jag petat bort den. Sedan är det bara att borra små hål i benet och så har du världens allra finaste lilla benflöjt. Det är faktiskt roligt att gå och tuta i den, den kan låta helt olika, beroende på var du sätter fingrarna för hålen. Fast ibland blir de tokiga på mig därhemma! Då har jag hållit på och tutat för länge och för högt - då slänger de ut mig ur huset. Men då, då går jag ut i skogen istället och spelar för gudarna.

Jag har ett speciellt instrument, när jag vill kalla fram gudarna, ett sådant här platt stycke trä, med ett snöre i. Det snurrar jag snabbt i en stor cirkel och då viner det och brummar det, som om man stod mitt i en flock med vilda bin.

Jag tror, att gudarna tycker om min musik, för det känns så bra och stilla när jag har stått där och spelat en stund. Musik är skönt - man mår bra av toner. Somliga är ledsna, så man nästan vill gråta och andra är glada och vilda. Man kan bestämma själv, vilken sorts toner och musik det blir!

Har du hört hur det låter när våra krigare spelar? De skramlar med skallror, slår på trummor och gongar och tjuter som en flock hungriga vargar. De tror kanske, att de kan skrämma slag på fienden, bara genom att *låta* farliga.

Du Martilla, skulle du vilja ha en sådan där brummare? Jag kan göra en åt dig! Kom, vi försöker!

(På sid 58 får *du* också lära dig att tillverka en brummare!)

Oden och Tyr

Martilla, du berättade förut att din husbonde offrar till gudarna inomhus vid ett altare varje kväll. Något sådant har vi inte alls hos oss. Vi möter våra gudar utomhus istället. Har du stått vid en *mosse*, tidigt på morgonen eller på kvällen, just då solen håller på att gå ner? Då vet du, att luften är fylld av ett märkligt ljus och att allt liksom blir gömt i dimma - det är gudarna, tror jag. Och eftersom gudarna visar sig för oss ute i naturen, så offrar vi också till dem där.

i vår by, som är så skicklig med sina händer och verktyg, att figurerna han gjuter, ser alldeles levande ut. Han gör tjurar med tjocka horn och starka, stora kroppar - du kan tro, att de är tunga! Sådana tjurar offrar vi till vår krigsgud, han heter Tyr. Han hjälper oss, när det är oro och krig och det är det ganska ofta. Är det inte ni romare, så är det något annat folkslag...

Ett stycke bort från vår by finns ett litet berg och en stor mosse. Där kan man möta gudarna och där brukar vi offra. Ibland ger vi gudarna en tjur som gåva, för att de skall ge oss rikedom och mat, så att vi slipper gå hungriga. Ibland offrar vi bronsfigurer som föreställer tjurar, istället för riktiga, levande tjurar. Vi har en man

Vår mäktigaste och klokaste gud heter Oden. Han är den visaste av alla och han ser och hör allt som händer. Far och jag offrade till honom, innan vi gav oss iväg på vår långa resa. Vi gav honom en fin kniv med magiska tecken på. Vi lade den i ett stycke tyg och sänkte ner den i mossen där hemma och som du ser, så blev Oden glad åt vår gåva, för han visade oss ju vägen, ända hit!

Det sägs, att Oden vill ha människor eller hästar som offer ibland. Men det vet jag inte om det är sant, för det är inte alltid tillåtet för oss barn att vara med när de vuxna talar med gudarna. Det finns en hel del som är hemligt för oss! Men snart är jag så gammal, att jag får veta och då skall jag ta reda på, vad de där hemliga tecknen betyder.

Du kanske vet, Martilla? Några av dem liknar en del av dem som ni romare har, det har jag sett. Våra tecken heter *runor* - det betyder hemlighet! Tänk om vi kan avslöja hemligheten tillsammans! Vi kan väl försöka sedan? Men först får du berätta om era gudar!

Mars, Minerva och många fler!

Vi har fler gudar i Rom än det finns dagar på hela året! Nja, jag kanske överdriver lite grand, men det finns verkligen många. Min far Demetrio, som är väldigt religiös, känner till dem nästan allihop. Han berättade att hans grekiska förfäder hade nästan samma gudar. Han sa att romarna hade härmat grekerna och tagit samma gudar och bara gett dem nya namn. Men farfar har berättat för mig hur det egentligen gick till. När romarna erövrade andra folk tog dom med deras gudar i sin egen religion, men det betyder ju inte att de har härmat dem! Sen finns det gudar som bara folk på vissa platser tror på. Oj, så förvirrad man blir!

Våra gudar avbildas som människor. Dom har många krafter och egenskaper men de är inte felfria. Vissa av dom bråkar faktiskt med varandra och dom är svartsjuka, dom blir arga och ställer till med en massa otyg för varandra. Precis som vi vanliga människor!

Pappan till alla gudarna, han som också är kung över dem, heter Jupiter. Han har en fru som heter Juno. När Jupiter blir arg kastar han blixtar över hela himlen. Då gäller det att rädda sig bäst man kan! Alla försöker få honom på gott humör igen genom olika *riter* och offer.

Minerva är den kloka gudinnan som beskyddar vår stad. Jupiter, Juno och Minerva är nog de viktigaste gudarna i Rom.

Men jag höll ju på att glömma krigsguden! Han kallas Mars och mitt eget namn kommer faktiskt av hans…Det är ganska konstigt för jag är ju alltid så glad och lugn och jag gillar att lära känna alla människor. Mars däremot måste ju vara en riktigt vresig typ som bara tycker om att hålla på och kriga hela tiden! I målningar och statyer som föreställer honom bär han nästan alltid vapen och har en mycket allvarlig min. Men trots det så är han väldigt populär i Rom. Vet du varför? Jo, för att han är pappa till Romolus, som var den som grundade hela staden Rom.

Den vackraste av alla är Venus, kärlekens gudinna. Hon kanske är lite nyckfull, men vem skulle inte vara det om man var i hennes ställe! Hon är älskad och uppvaktad och alla poeter och förälskade människor sjunger och pratar jämt om henne. Venus har en son som är lika omtalad som hon själv. Det är den lille Amor som har en massa magiska pilar. Det räcker med att han skjuter iväg en enda pil och så…PANG! Den som träffas blir genast kär! I vem då? Jo, i den som träffas av nästa pil. Amor ställer ofta till med problem. Jag tror att han har riktigt roligt åt att låta människor bli kära i fel person…

Jag skulle kunna hålla på i en hel månad och berätta för dig om våra gudar. Dom är så många och överallt finns det tempel som man byggt åt dem. De vackraste är höga byggnader som är utsmyckade med pelare och statyer. Där håller prästerna sina religiösa riter.

Men religiösa riter har man inte bara inne i templen. Även hemma i husen (du kommer väl ihåg husgudarna?) på stridsfälten och var som helst där det finns ett litet altare. För att göra gudarna nöjda och få deras beskydd offrar romarna djur. Det är får, bockar, grisar och till och med stora tjurar som har smyckats med färgglada band och andra dekorationer. Men jag tycker ändå synd om de stackars djuren! Oj, hoppas inte min far hörde mig nu…

Döden och livet därefter, enligt Martilla

Idag känner jag mig ledsen. Det ligger något konstigt i luften. Kanske beror det på alla de svarta molnen och att fåglarna flyger lågt, nära marken. Men jag har en konstig föraning. Vi romare tror på sånt, drömmar och föraningar. I natt drömde jag en hemsk dröm och vaknade alldeles genomsvettig i det beckmörka tältet. Bredvid mig sov kvinnorna alldeles lugnt. Den äldsta av dem hade munnen öppen. Det såg nästan ut som om hon var död. Men så hörde jag att hon andades. Vid alla gudar! Det var som ännu en mardröm!

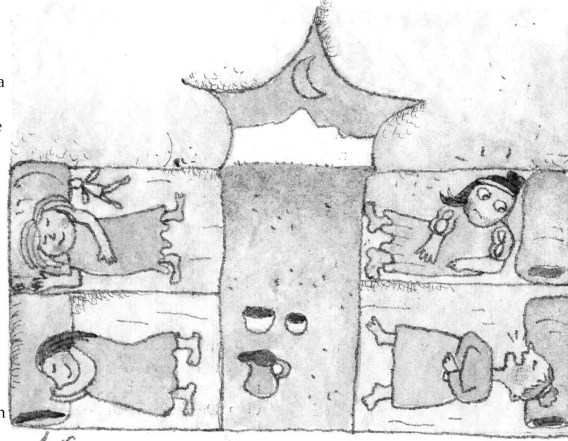

De döda skrämmer mig även om de vuxna säger att det bara är dumheter. För om den döde har fått en fin och riktig begravning så stannar hans själ i underjorden. Det är de dödas rike.

Hur vi begraver våra döda? Vill du verkligen veta det? Jo, hos oss begraver vi de döda utanför stadsmurarna.

De rikaste har familjegravar som ser ut som jättelika vackra monument, fulla av dekorationer. De fattiga får nöja sig med en enkel träkista. Innan man lägger dem i jorden har man en riktig begravning. Det är en hel *ceremoni*. Den döde bärs omkring på en bår, följd av alla släktingarna. Runt omkring spelar musiker på basuner och kvinnor gråter och sjunger klagosånger. Ibland kan man också se en man med en konstig mask för ansiktet som följer begravningståget. Han låtsas att han är en av den dödes förfäder som följer honom på resan till underjorden. Men vad tror du händer om någon inte blir riktigt begravd? Jo, då blir det otäckt, för då kan hans skugga inte finna någon ro. Den vandrar oroligt omkring och ofta blir den arg på oss levande människor! Ibland hjälper det inte ens med magiska formler för att hålla spökena borta... Min farfar har berättat att de visar sig som små onda andar och att de för ett himla oväsen. Och så plötsligt är det helt försvunna! Brrrrr! Men du är inte rädd för sånt, va? Fast du ser lite ledsen ut du med. Har du också haft en otäck dröm?

Vi ses i Rom!

Martilla, igår kväll berättade min far att han hört att era legioner snart skall ge sig in över gränsen, in i Germanien. Förstår du, vad det betyder? Det betyder att det snart är krig igen mellan våra folk. Far och jag måste skynda oss iväg, innan någon får för sig att vi är här för att spionera på er. Folk kommer att dö, Martilla! Många! Både soldater och kvinnor och barn med! En del säger att krig är nödvändigt. Men då är det något nödvändigt ont, tycker jag, och inte är det något som skall drabba barn! Barn skall få växa upp och leka med barkbåtar och flöjter och de skall få valla kor och leka med hundvalpar - inte bli dödade i de vuxnas krig.

Några säger att det är en ära att få dö i krig och att man då genast kommer upp till gudarnas rike. Vad tror du om det? Själv tror jag att man kommer dit fastän man har dött i krig. Jag tror, att det fina inuti oss, det viktiga, det vi tänker och känner, det finns kvar när vi har dött. Men kroppen, vårt skal liksom, den behövs ju inte längre då, den är använd och slut.

Hemma tar vi hand om våra döda på olika sätt. I några trakter bränner man den döda kroppen tillsammans med gåvor som den döde behöver, när han kommer till gudarna. Vi lägger askan och benen i en urna som vi begraver i marken under en liten jordkulle eller en sten. Kanske får han också med sig en lerkruka med mat och något att dricka. Ibland lägger man dit hans bästa kniv, så att han har något att ge till gudarna när han

— 50 —

är framme. Oden måste ha gott om knivar vid det här laget, så ofta som det är krig!

På vår bys gravplats finns det också några som blivit begravda utan att deras kroppar har blivit brända först. Man lägger ner dem i kistor av trä och de får också med sig saker som de har tyckt om ifrån sitt första liv, ett pärlhalsband och armband och ringar kanske. Jag tänker ta med mig min flöjt, fast det skall dröja bra länge om jag får bestämma!

Jag har så mycket jag vill se och göra först i detta livet! Jag skall skaffa mig en egen häst och så skall jag lära mig att bygga båtar och segla ända ner till Rom och hälsa på... Och så skall jag ta reda på hur ni bygger värmesystem i era hus - jag skall bli den förste hemma i byn som inte fryser om vintern! Och så skall jag sitta inne i mitt varma, sköna hus och träna på min flöjt, så att jag blir Fyns bäste flöjtspelare - det blir nog Oden glad över! Var rädd om dig Martilla! Jag måste skynda mig iväg nu. Vi ses i Rom!

Knep & Knåp

1) Kommer du ihåg termerna, de romerska baden?
Vilket av dem är kallast?

   a. Tepidarium
   b. Frigidarium
   c. Calidarium

2) Vad uppfann vår hövding för att stoppa
fiendens båtar?

3) I ett romerskt *domus* finns en plats som
kallas för peristylium. Vad finns det där?
Välj en teckning:

4) Här är tre romerska barn som leker. Bara en av dem är son till slavar. En liten detalj skiljer honom från de andra. Kan du se vem det är?

5) Vilken av de tre bronsstatyetterna brukar mitt folk offra till guden Tyr?

a.

b.

c.

6) Guden Amor, son till Venus, står och speglar sig. Men några detaljer stämmer inte med spegelbilden! Kan du upptäcka vad som är fel?

7) Kommer du ihåg historien om Skjöld som slogs mot ett vilddjur? Vilket djur var det?

a.

b.

c.

8) Bland bokstäverna på tavlan finns ett namn på ett föremål som de romerska skoleleverna använde (se på teckningen bredvid). Kan du hitta det rätta ordet?

| A B N C N O R |
| F D C A R D O |
| O G W P C H N |
| Q P Z S T K A |
| S W I A R C H |
| P D O M U S R |

9) Oj, någon har blandat ihop saker och ting! Kan du hitta de två scener som inte stämmer?!

 a.

 b.

 c.

10) Kan du para ihop rätt föremål med rätt person?

 a.

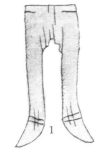
1

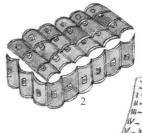
2

3

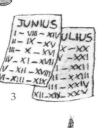
4

5

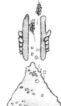
6

 b.

Två små europeer

Kan du föreställa dig hur Marbod och Martilla skulle se ut idag, nästan 2000 år senare? Kanske så här!
Två små europeer som liknar varandra till utseendet och som har nästan samma vanor.
Men alla olikheter som de upptäckte hos varandra, då? Är de borta idag eller finns de fortfarande?

Färglägg Marbod och Martilla så som du tror att de hade sett ut idag. Hitta sedan på ett kort samtal mellan dem. Vad skulle de prata om idag?

Vill du veta en hemlighet?

Varken Martilla eller Marbod är ännu så gamla att de har lärt sig alla de hemligheter som det romerska alfabetet eller runalfabetet innehåller. Då är du säkert mycket mera kunnig, eller hur?

Vid den här tiden, då Martilla och Marbod möts, på 200-talet e Kr, har romarna sedan länge ett skriftspråk, dvs, man har gett det talade språket symboler eller tecken för ljud. I dagligt tal kallar vi de här symbolerna för bokstäver och vi har ordnat dem i alfabetisk ordning. Men varför kallar vi dem för bokstäver och varför säger vi, att den ordningen de står i är alfabetisk?

Ja, det är faktiskt inte ord vi har från romarna! Ordet alfabet kommer från Grekland. Grekernas alfabet börjar nämligen med bokstäverna *alfa* och *beta*. Från Grekland lånade romarna en del av sina skrivtecken, en del hittade de på själva och det är det alfabetet vi använder, då vi skriver denna bok!

Långt innan Martilla och Marbod möttes, träffades andra romare och andra germaner. De lärde sig saker av varandra, blev inspirerade av varandra och for hem till sig med nya kunskaper. De germaner som bodde i "Scandia", alltså våra dagars Sverige, Danmark och Norge, tog med sig romarnas kunskaper om alfabetet hem. På det viset fick de också ett skriftspråk. Men det kom att se lite annorlunda ut än romarnas, eftersom germanerna inte använde tex vaxtavlor, som romarna, nar de skrev. Germanerna ristade in sina skrivtecken i stavar av trä, i bokstavar, och därför kallar vi än idag våra skrivtecken för bokstäver. Men det var svårt att rista runda bokstäver i trä! Många av germanernas tecken blev därför annorlunda än romarnas.

Det var bara en del av människorna i Scandia som lärde sig de nya tecknen - för de flesta var de helt obegripliga. Och sådant man inte förstår, tycker man kanske är lite mystiskt och konstigt, eller hur? Därför gav germanerna sina skrivtecken namnet runor, som betyder hemlighet. Och de som kunde rista runor var personer som hade makt över det mystiska och hemliga... De var nästan som trollkarlar!

Runalfabetet kallas för *futhark* efter de första sex tecknen - det finns 24 stycken. De ser ut så här!

Lär dig att använda runorna, så kan du skriva hemliga meddelanden! Du kanske börjar med ditt namn?

Försök sedan att tyda vårt hemliga meddelande:

(Lösningen hittar du på sidan 59)

Gör dina egna instrument!

Marbod och Martilla leker - det har barn gjort i alla tider och över hela världen. En del lekar är lika överallt, en del nya har kommit till, andra har glömts bort. Mycket vet vi ingenting om, men kan gissa oss till. Arkeologerna har grävt fram en hel del från den tidsperiod då Marbod och Martilla möts. Den perioden kallar vi för romersk järnålder - vi säger att den börjar år 0 (det år Jesus föddes) och att den räcker till och med år 400 e Kr (efter Kristi födelse). Genom arkeologernas utgrävningar vet vi, att man under den här tiden har lekt med bl a brummare och trissor och att man har spelat tärningsspel och brädspel - men hur spelreglerna var, det vet vi förstås inte!

Det är inte så svårt att göra en egen brummare eller en egen trissa. Försök själv! Till brummaren behöver du ett snöre, ca 1,5 m långt och ett stycke trä som ser ut så här:

Borra ett litet hål i ena änden på träbiten och trä igenom snöret där. Knyt en knut på snöret så att det är dubbelt. Nu kan du snurra brummaren framför dig. Snurra fort, men se upp så att du inte träffar någon... Efter bara ett litet tag börjar träbiten brumma och vina, det är då du har fått kontakt med gudarna (tror Marbod i alla fall).

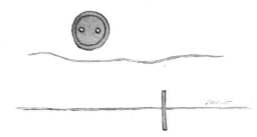

För att göra en trissa behöver du en stor platt knapp, ungefär 4 cm tvärsöver, och en tråd som är 80 cm lång. Trä tråden igenom ett knapphål och ut på andra sidan, ca 20 cm, sedan tillbaka igen genom det andra hålet. Dra sedan ut tråden ca 20 cm. Knyt ihop tråden - så ser din trissa ut så här:

Tag tag i bägge ändarna av snöret och sväng runt knappen. Strama omväxlande till och släpp efter på snöret. Då får du din knapp att dansa och susa, för gudarna, eller för dig själv!

Rätt lösning till Marbods och Martillas frågor !

1) b.

2) c.

3) a.

4) Det är pojken som leker med ett tunnband som är son till en slav för han har ingen bulla kring halsen.

5) b.

6) Detaljerna som inte stämmer med spegelbilden är: den ena skon, bältet, glassen, hårbandet och fågeln.

7) a.

8) Ordet är CAPSA, en rund väska som man lade skolsaker i.

9) c.

10) 1/a. - 2/b. - 3/b. - 4/a . - 5/b. - 6/a.

Rätt lösning till det hemliga meddelandet i runskrift:

"Marbod och Martilla ristar runor och har hemligheter".

Ordlista

alfa = första bokstaven i grekiska alfabetet

atrium = finrum med öppning i taket

ballast = barlast

basilikor = domstolar

beta = andra bokstaven i grekiska alfabetet

bordplankor = sidoplankor på en båt

braccatae nationes = de byxklädda folken

bulla = halsband romerska barn får vid födseln

calcei = skor som snörs kring benen

calidarium = bassäng med varmt vatten

capsa = romersk skolväska

cardo = gata i romerskt militärläger

centurioner = befälhavare

ceremoni = högtidlig akt

cylinder = tub

decumanus = gata i romerskt militärläger

diktator = enväldshärskare

domus = romerskt hus

eldstål = stålstycke med vilket man slår eld mot tex flinta

ferulan = käpp

fibula = dräktspänne

fjord = smal, djup vik

forum = torg

frigidarium = bassäng med kallt vatten

futhark = de första skrivtecknen i runalfabetet

gallien = romarnas namn på norra Italien och frankrike

groblad = växt med breda, runda blad i rosett vid marken

harpa = stränginstrument

imperium = stort rike

kartago = forntida stad och stad i norra afrika

kohorter = mindre grupp med romerska soldater

kolonier = befolkat område underställt en annan nation

kolonner = pelare

kurian = platsen där senaten sammanträder

legend = berättelse med övernaturligt innehåll

legion = större grupp (4000-6000) romerska soldater

limes = romerska rikets befästa gräns

lyra = stränginstrument

mjöd = alkoholdrych av jäst honungsvatten

mosaiker = utsmyckning med små färgade stenar

mosse = större torvmarksområde

mulåsna = avkomma av åsnesto och hästhingst

nymf = kvinnligt vackert sagoväsen

pallio = vit mantel

panflöjt = enkel flöjt med pipor i olika längder

papyrus = pappersliknande skrivmaterial av papyrusgräs

peristylum = liten trädgård inuti huset

revlar = undervattensgrund

ringbrynja = brynja av sammanflätade järnringar

riter = religiös handling med symbolisk betydelse

romersk järnålder = år 0-400 e Kr

runor = germanernas gamla skrivtecken

senatorer = medlemmar i högsta rådgivande församlingen

stola = långt klädesplagg som läggs över axlarna

stylus = en slags penna

tablinum = romerskt vardagsrum

tepidarium = bassäng med ljummet vatten

termer = romerska bad

terracotta = bränt lergods

toga = romersk dräkt för män

triclinum = matsal

trälar = slavar

tunika = skjortliknande klädesplagg

tvekamp = kamp mellan två personer